# ¡Yo puedo trabajar!

Sharon Coan, M.S.Ed.

Yo **trabajo**.

Me dan una **tabla** de trabajo.

My Work Chart
Devan
Jobs
My Stars
feed dog
make bed
dishes
clean room
SOAP

Alimento a Sam.

Me dan una estrella.

My Work Chart
Devan
Jobs
My Stars
feed dog
make bed
dishes
clean room
SOAP

Tiendo mi cama.

Me dan una estrella.

Ayudo a mi mamá.

# ¡Trázalo!

1. Toma los útiles.
2. Crea una tabla de trabajo.

3. Haz algún trabajo.

4. Añade estrellas.

# Glosario

**orgulloso:** sentirse feliz por algo que has hecho bien

**tabla:** una lista

**trabajo:** hago un deber

# Índice analítico

## Asesoras


**Shelley Scudder**
**Maestra de educación de estudiantes dotados**
**Broward County Schools**

**Caryn Williams, M.S.Ed.**
**Madison County Schools**
Huntsville, AL

**Créditos de publicación**

Conni Medina, M.A.Ed., *Gerente editorial*
Lee Aucoin, *Directora creativa*
Torrey Maloof, *Editora*
Lexa Hoang, *Diseñadora*
Stephanie Reid, *Editora de fotos*
Rachelle Cracchiolo, M.S.Ed., *Editora comercial*

**Créditos de imágenes:** Lexa Hoang.

**Teacher Created Materials**
5301 Oceanus Drive
Huntington Beach, CA 92649-1030
http://www.tcmpub.com

**ISBN 978-1-4938-0436-8**